प्यार : खुद से खुद का सफर

खुद को खोकर, खुद को पाना, फिर खुदा को पाना।

मनप्रीत कौर

BookLeaf Publishing

India | USA | UK

Copyright @ मनप्रीत कौर
All Rights Reserved.

This book has been self-published with all reasonable efforts taken to make the material error-free by the author. No part of this book shall be used, reproduced in any manner whatsoever without written permission from the author, except in the case of brief quotations embodied in critical articles and reviews.

The Author of this book is solely responsible and liable for its content including but not limited to the views, representations, descriptions, statements, information, opinions, and references ["Content"]. The Content of this book shall not constitute or be construed or deemed to reflect the opinion or expression of the Publisher or Editor. Neither the Publisher nor Editor endorse or approve the Content of this book or guarantee the reliability, accuracy, or completeness of the Content published herein and do not make any representations or warranties of any kind, express or implied, including but not limited to the implied warranties of merchantability, fitness for a particular purpose.

The Publisher and Editor shall not be liable whatsoever...

Made with ❤ on the BookLeaf Publishing Platform
www.bookleafpub.in
www.bookleafpub.com

मैं अपना कविता संग्रह अपने पति और परिवार को समर्पित करना चाहती हूँ। इस को पूरा करने मे मित्रों का पूरा सहयोग है। इस पुस्तक के आवरण पृष्ठ पर बनाई गई आकृति मेरी बेटी द्वारा बनाई गई है। इसको प्रकाशित करने मे बुकलिफ

पब्लिकेशन में कार्यरत सभी लोगों का

विश्वास है, और दिन-रात की मेहनत है।

मनप्रीत कौर

Acknowledgement

इस कविता संग्रह प्रकाशित करने का मकसद है

प्यार में खुद को खोकर ,,,
खुद को पाना।

ये जीवन का सफर है जिसमें हम प्यार को पाने में
खुद को पूरा खो देते हैं,
और प्यार को पा लेते हैं।
सब कुछ खोकर प्यार को पाकर हम खुद को
गवान मानने लगते हैं।
फिर होता है कुछ ऐसा कि हम उस प्यार को भी
खो देते हैं और गिर जाते हैं।
फिर हम अंदर से खाली हो जाते हैं।
फिर भगवान उस खालीपन को भरने के लिए
आवाज़ लगाते हैं।
और हम सब उनके साथ चलने लगते हैं।
और जब हम उसका हाथ थाम के आगे बढ़ते हैं,
वो हमारे खालीपन को भर देते हैं।
उसके बाद हम उनको अपना दर्द सुनाना शुरू
करते हैं।
फिर वो हमारे दर्द को सहने की ताकत देता है।
वो दर्द हमको बिलकुल बदल के रख देता है।

हम खुद से मिल जाते हैं।और हमें अपनी पहचान
हो जाती है।
हमें अपनी खूबी पता चलती है हम उस पर काम
करना शुरू कर देते हैं।
और उसकी मेहर शुरू होती है।
फिर हम बिलकुल अलग इंसान बन जाते हैं।
एहसास होता है कि अपने उन कामों की वजह से
ईश्वर से दूर हो गए थे।
आखिर मे हम समझ जाते हैं कि हम खुदा के
अंदर ही हैं।
वो हमारे अंदर ही है।
उसको मिलने के लिए हमें खुद से मिलना पड़ता
है।

प्यार खुद से खुद को खोकर खुदा को पाना,
फिर खुदा से मिल कर खुद को पाना ही है।

ये एहसास बहुत अलग होता है।

मनप्रीत कौर

Preface

नमस्कार, मेरा उपनाम मनप्रीत है और मेरा रुझान बहुत कम उम्र से ही कविताएं लिखने की ओर रहा है। मेरी पहली प्रेरणा विभिन्न विषयों के अध्यायों में अलग-अलग कवियों की कविताएं थीं। मुझे पता चला कि कविता कम शब्दों में अधिक व्यक्त कर सकती है। स्कूल के समय में मैंने कविताएं लिखी थीं; "चेतना" नामक पत्रिका के लिए मैंने अलग-अलग शैली की कविताएँ लिखीं, लेकिन समय के साथ स्कूली पाठ्यक्रम और पाठ्यचर्या में यह कम हो गई, लेकिन कोविड काल में खाली समय के कारण यह छूट गई, मैंने जीवन के दुख और जीवन के महत्व को समझा और मैंने विभिन्न विषयों पर कविताएँ फिर से लिखना शुरू कर दिया। यह केवल शुद्ध भावनाएं हैं जो मेरे मन में आईं, यह "भगवान" द्वारा मुझे दी गई एक दिव्य शक्ति है, मैं भावनाओं को कविता के रूप में लिख सकती हूं। मैंने अपने सहकर्मियों के सामने कविताएँ गाईं, जिनकी उन्होंने बहुत सराहना की। लेकिन मेरे अंदर एक हिस्सा था जो कविता लिखने से डरता था क्योंकि इसके लिए ज्ञान की गहराई की आवश्यकता होती थी। बाद में जब मैं बड़ी हुई और अलग-अलग सोशल मीडिया प्लेटफॉर्म पर कविताएँ देखीं तो

मुझे पता चला कि यह हमारी चिंता, तनाव और सभी भावनाओं को शब्दों में व्यक्त करने का एक तरीका है... जिससे मुझे एहसास हुआ कि कविताएँ कुछ भी हो सकती हैं जो बताती हैं कि आप एक अलग तरीके से क्या कहना चाहते हैं। शब्द और शैली। मुझे कविता की राह इसी मंच से मिली।

तो, मेरी यात्रा की राह यहाँ से शुरू हुई।

INDEX

१. प्यार का एहसास

प्यार का एहसास होता है बहुत ख़ास,
जीवन में आता तो,
होता न कोई होश-ओ-हवास
प्यार आता है तो पता न चलता,
जाता तो जान तक ले जाता है,
कर देता हताश।
प्यार का मतलब पा लेना ही नहीं,
पर उसे बनाके रखना भी अलग एहसास।
प्यार को हर बार पाना भी अलग है,
प्यार तो हो जाता है पर,
कह पाना मुश्किल बात है।
कह तो लेते हैं पर खुद से ही,
उसको कह पाना बहुत ही मुश्किल हालात है।
दिल चाहता तो है बताना पर,
मन में आ जाता है,
उसको खोने की रात है।
पा के खोना, खो के पाना,

ये ज़िंदगी का रिवाज है।
प्यार पहला या दूसरा एक जैसा ही एहसास है।
न भूल पाते हैं ,प्यार तो सिर्फ है,
उसके अलावा कोई न बात है,
पता मिलना न मुमकिन,
फिर भी उसको पाने की आस है!

मनप्रीत कौर

2. डर

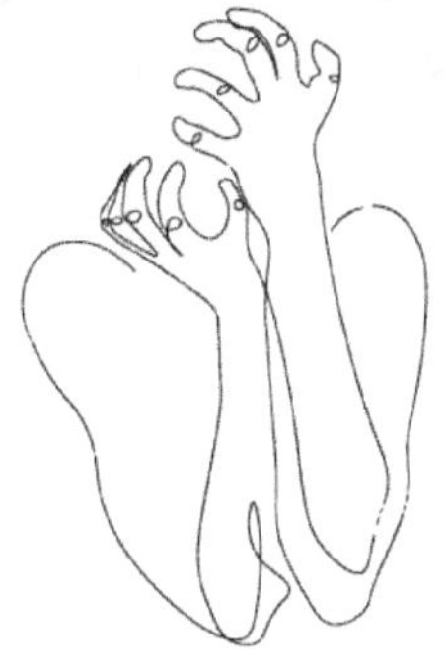

हाँ आज डर है तेरा हाथ छूटेगा।
हाँ शायद तेरा साथ भी छूटेगा।
मरते थे न, न बताते,
बता दिया
अच्छा एहसास सा लगता है।
ज़िंदगी है तेरी अमानत,
हंसना जो सिखाया खुलके,
एहसास भूल चुके थे..
हाँ, अब तो खुलके हंसते थे।
हाँ, अब न मिलेगा तू मुझे,
हाँ शायद कभी न बात होगी।
न तेरा ज़िक्र होगा न तेरी याद होगी।
प्यार का मतलब पाना ही नहीं,
दिल से चाहना भी है।
चाह लिया मन से बस काफी है,
बता दिया क्या सोचते हैं,
ये एहसास ही काफी है।

डरती थी, डरके कब तक जीती मैं
अब मर भी गयी तो मरने का हसीन ख्वाब लगता है।
कोई नहीं, जितना भी है अच्छा है रिश्ता,
बिना नाम के रिश्ता निभाना भी अच्छा लगता है।

मनप्रीत कौर

३. मुझे बदल दो

खुद से पूछो सवाल,
सारे जबाब आएंगे,
वो खुदा है सबके पास उसके पास ही सब जाएंगे।
आज में परेशान हूँ,
शायद मेरे सवाल का जबाब कोई नहीं आएगा ।
जब तक जबाब आएगा,
तब तक शायद हग दुनिया से चले जाएंगे।
हंसते-मुस्कुराते हैं,
दुनिया के तौर तरीक़ों से शायद इसका सलीका आया
ही नहीं।
लोग अपने हिसाब से समझते हैं सबको,
उनको दूसरे का समझाना आया नहीं।
मैं एक खुली सोच की औरत हूँ,
शायद थोड़ा वक़्त के पहले ही आ गई इस जहाँ में,
इसलिए समझ आती नहीं,
जब आऊँगी समझ तब तक शायद बहुत देर हो
जाएगी।
लोगों को बोलना है और वो बोलते रह जाते हैं।
जा, नहीं आते तेरे रास्ते क्यों तुम इतना इतराते हो।

आज ख़ास है कल आम हो जाएगा।
समय है समय के साथ सब बदल जाएगा,
जब रहेगा अकेला तन्हा,
शायद जब समझ तुझे कुछ आएगा।
चाहूँ तुझे न देखें पर,
फिर समझ नहीं आता है कैसे समझें।
समझा दो कोई मुझे आप ही समझा दो,
कोई करिश्मा करो
और
दुनिया बदल दो,
मुझे बदल दो,
या मेरा दिल बदल दो।

मनप्रीत कौर

4. हँसता चेहरा

वो हँसता हुआ चेहरा अब भी याद है मुझे।
ऐसे मुड़के बताया न,
तूने कि कोई तो नाता था तुझसे।
मिले तो एहसास न था,
जब बिछड़े तो सर के ऊपर आस्मां न था।
क्या कहें और बताएँ उस रात क्या हाल था मेरा,
लगा कुछ छूट रहा है हां दिल टूट रहा है।
रोये थे बहुत आँसू भी बहाये थे,
मुड़ के देखा, पर तुम वहाँ खड़े होके मुस्कुराये थे।
सोचा पलटूँ, रुकूँ, और बोल दूँ,
अपने दिल की बात।
पर फिर अपने हालात पे बहुत पछताए थे।
पहले न फर्क पड़ता था तेरे होने का,
जब साथ छूटा, तो तेरी ज़रूरत का पता चलता है।
हाँ, जनाब ये ही है जज़्बात,,,,
जज़्बात को बताने को दिल बहुत करता है।

पलटूँ तेरी ओर और बता दूं, क्या महसूस करते हैं,
पर अंदर से डर है कि हाथ छूटने का डर भी लगता है
हँसता हुआ चेहरा आज भी पता चलता है, रोते रहते हैं
हम किसी को न पता चलता है।

मनप्रीत कौर

5. खुद को पसंद हूँ।

मैंने फैसला किया मैं खुद को पसंद हूँ।
यही काफ़ी है मुझे ज़िंदा रहने के लिए।
बताया तुझे तुझसे दूर हो के,
कि मैं भी रह सकती हूँ तुमसे दूर जाके।
करें न कदर कोई, मेरी और मेरे दिल की
तो उसके पास रहने से, दूर रहना बेहतर।
तू मिला तो सीखा की कैसे हँसा जाता है,
फिर रुलाया तूने जी भरकर।
बहुत रोई तड़पी मेरी बेबसी तू न समझा,
फिर मैंने अपनी कदर गंवाई, तू न समझा।
तो मैं सो गई सब उस पर छोड़कर।
मिला तो मेरे टुकड़े जोड़े थे,
जो मुझमें टूटा था सब संभल गया था।
हुआ यूँ एक दिन, तूने फिर वही मेरे टुकड़े लेकर मुझे
चूर-चूर कर दिया।

आसूं बहाये थे, रोई पर, तू न समझा मैं फिर थक गई
तुझे समझा-समझा कर।
हुआ एक दिन जब में खुद ही संभल गई।
समझ गई कि मैंने किया जो वो कोई नहीं कर सकता
मुझसे बेहतर।
तुझे चाहना मेरा काम है, तू सुनेगा तो ठीक न सुने तो
तेरा ईमान है।
गिर के उठना आ गया,
अभी कोई न चाहिए कोई संभाले मुझे,
समझ गई मैं अपने को खुद से बेहतर।
कोई संभालेगा तो सौदा ही करेगा,
किसी को हक़ न देना अपने ऊपर।

मनप्रीत कौर

6. बेमतलब के रिश्ते

यूँ ही चलते-चलते बनते हैं कुछ रिश्ते।
न मांग के, बस मिलते हैं और जिस्म में उतर जाते हैं।
तब समझ न आता क्या करना इनका ,
बस साथ निभाते जाते हैं।
सोचते हैं सोचेंगे नहीं,
पर फिर भी सोचते रह जाते हैं।
आंखे टकरा गईं,
उस शख़्स से यूँ ही बीच राह।
सोचा न कि कभी मिल सकेंगे,
फिर हुआ यूँ की उसकी बाँहों में जा मिले।
संभाला उसने कुछ ऐसे हमें,
की उसमे हमें हमारा घर नज़र आए।
सोचा रुकूँ, बता दूँ,
पर फिर बेबस से हम नज़र आए।
चाहा बोलना पर वो सुनने न आए।
ऐसी ही मोहब्बत हम करते हैं,
और करते ही रह जाए।

क्या करें बस आँखों से सैलाब निकलता।
न रोके, न रुकना वो चाहे।
दर्द है बहुत शायद रहेगा भी।
वो मिलें, हमें सुनें, समझें, कैसे समझाएँ।
अभी बहुत गुमान में है,
एक दिन रोएगा जब हम उसको समझ आए।
कहता है महसूस नहीं करता कुछ भी
जब करूँगा बोलूंगा।
अरे हम कब तक ऐसे आस लगाएँ,
जा नहीं रहना तेरे साथ ।
न तुमको बुलाये, न तू मिलने आए।
न बात होगी, न ज़िक्र होगा,
 न तू सुनेगा न हम सुनाएँ।
ऐसे ही कटेगी ज़िंदगी,
तू मुस्कुराए, बस हम यही चाहें।
न लगे दुनिया की नज़र तुझे ,
बस हम उस खुदा से मांगे, ये दिल से दुआ आए।

मनप्रीत कौर

7. जिस-जिस से दिल लगाया

जिस जिस से दिल लगाया जिस-जिस से मोहब्बत की।
वो न समझा मेरा दिल, न मुझे पाने की इबादत की।
क्या करें, ये जिस्मों से,
शक्लों से मोहब्बत करने वाले लोग हैं।
इन्हें किताबों सी मोहब्बत कहाँ मिली।
मिली तो बहुत पर,
इन्हें समझ आए ऐसी ताकत न मिली।
देता है कोई प्यार इन्हें, तो इन्हें वक़्त नहीं देना।
चिल्लाते रहते हैं कि हमें कोई ऐसी न मिली।
सूरत पे मरने वाले हैं,
ये जनाब अच्छी शख़्सियत के कायल लोग,
मोहब्बत में सूरत नहीं दिल देखते हैं।
धड़कन बढ़ जाए तो उसकी आवाज़ सुन लेते हैं।
करनी मोहब्बत तो कर न, यूँ बेरुखी क्यों।
पसंद नहीं तो न सही,
इतने आसान तो हम भी नहीं।
नज़र से सीधे दिल में बारूद बन उतर जाएँ,
ऐसा हुनर हम भी रखते हैं।

मनप्रीत कौर

8. इंतज़ार

प्यार में इंतज़ार आज भी है।

जो निभा सके प्यार, ऐसा दिलदार चाहिए आज भी है।

करते हैं इंतज़ार ऐसे शख़्स का,

रो सके दिल को समझा सके।

जो आ न सके वो ऐसा ऐतबार आज भी है।

जो जा चुका उसको आवाज़ देने का मन करता।

पता न आने का इरादा बाकी है।

क्या चेहरों तक सिमटती है मोहब्बत,

ऐसे चेहरे का इंतज़ार बाकी है।

पल में हो जाए मेरा,

ऐसे एक शख़्स का इंतज़ार बाकी है।

बात-बात पे जो छुड़ा ले हाथ,

ऐसे शख़्स को दूर करना बाकी है।

गुब्बारे सी जिसकी मोहब्बत,

ऐसे इंसान को दिल से दफ़ा करना आज भी बाकी है।

काश होता दिल में सुराख़.
तो उस सुराख़ से निकाल देते उसको।
ऐसे मरने-जीने से छुटकारा मिलना बाकी है।
कर लूँ एक सांस में उसको जुदा शायद उस आखिरी
सांस का लेना बाकी है।

मनप्रीत कौर

९. ज़िंदगी

लिखने का दिल है,
पर क्या लिखूँ ये समझ नहीं आता।
शायद ये वक़्त है,
 गुज़रा हुआ वक़्त नहीं आता।
लोग आते तो हैं बहुत ज़िंदगी में,
बस जो निभा दे साथ
 वो इंसान नहीं नज़र आता ।
सबकी अपनी ज़िंदगी, सबकी अपनी ज़रूरत हम
इस्तेमाल हो गए,
इस्तेमाल नहीं करना आता।
ज़िंदगी है खूबसूरत इसको जीना नहीं आता।
सिखा देता है वक़्त हर सबक,
पर सबक सीखना नहीं आता।
अकेला ही तन्हा लड़ लो ज़िंदगी में,
कोई तुम्हारी लड़ाई लड़ने नहीं आता।
तन्हा अकेली मायूस सी ज़िंदगी,
कोई मशाल बनने नहीं आता।

लड़ना सीखा है, लड़ते रहेंगे अकेले,
इसी तरह ज़िंदगी से हारना नहीं आता।
शुक्र है ज़िंदगी तू ख़ूबसूरत है,
और सबक सिखा देती है।
देर से ही सही, मकसद बता देती है।
भूल जाता हूँ कभी अपने को,
तो जीना सीखा देती है।

मनप्रीत कौर

१०. पहली नज़र

हां जी याद है,

वो पहली नज़र ,वो पहला अल्फ़ाज़।

चाह कर भी न कर सके नज़रअंदाज़ जिसे।

तब समझ जाते तो बात ही अलग होती,

अब समझे जब करने को बात न बची।

चाह के चाहना क्या है ये समझ न आया।

अब आया तो,

चाहें किसे ये समझ ना आया।

ये फूलों सी मोहब्बत,

ये तारों को गिन गिन के बिताने वाली मोहब्बत है।

आसमान खाली,

शरद रातों में हम भी तन्हा खाली।

काश तब समझ जाती तो,

आज किस्सा और होता।

होते करीब, हाथों में तेरा हाथ,

होठों पे तेरा नाम होता।

मनप्रीत कौर

II. मलाल

बस ये तमन्ना है,
कोई तमनन्ना न रहे।
मरने से पहले
कोई ख़ाली पन्ना न रहे।
भर दूँ हर रंग सपनों को,
कोई सपना अधूरा न रहे।
चाहूँ जो,
वो हर ख्वाब अधूरा न रहे।
भर लूँ सब,
मुट्ठी में कुछ बाक़ी न रहे।
हर शिकवा जो है,
हर चेहरे से वो शिकवा न रहे।
भर लूँ,
अपनी झोली कुछ सरकता न रहे।
समय ऐसे ही चलता रहे।

हम समय के साथ रहें,
बस यही एहसास सा रहे।
मरने के दिन से पहले जी लूँ ये ज़िंदगी,
कोई मलाल न रहे।

मनप्रीत कौर

१2. एहसास

प्यार का मतलब पाना नहीं
दिल से चाहना भी है।
न हो कोई फिर भी जताना है।
क्या करें, मरते हैं तुम से बात करने को।
न करें तू बात तो, मन को लगाना है।
आवाज़ सुन के सुकून सा है।
क्या कारण क्यों बहुत बेबस से हो गए हैं,
हर चीज़ को क्यों बताना है।
हर चीज़ के लिए तुझसे मोहताज से हैं।
कुछ भी करूँ फिर भी दिमाग में ख्याल वही है
चाहती तुझसे गले लगना और लगे रह जाना।
गले लगने का एहसास अभी भी है।
मै तेरे लिए ज़रूरी तो नहीं,
बस इतना है कि तुझे भुला सकें,
इस बात इंतज़ार अब भी है।

मनप्रीत कौर

१३. रिश्ता

एक रिश्ता है उससे जो बोल नहीं सकते।

प्यार है बहुत पर पा नहीं सकते।

क्या एक बार बना रिश्ता कहीं जाता है।

क्या किसी एक के जाने के बाद भी रह जाता है।

क्यों बहुत मुश्किल से मिले इंसान से,

मिलते ही बिछड़ का समय आता है।

क्यों आते हैं हाथों में हाथ,

जब मिलना नसीब में न हो पाता है।

सुना है, बड़े कमाल की होती वो मोहब्बत,

जिसमे मिलना मुमकिन न हो पाता।

क्या करें, क्या कहें,

मजबूर बेबस से खड़े होकर जाते हुए देखा जाता है।

हाँ, बड़ी शिद्दत से मिलना,

उसका पसंद आना।

फिर झुकाव और जुड़ाव समझ आता है।

क्या जाते हुए चाहे रोकना,

पर आवाज़ देने पे भी कोई रुक जाता है।

आज है जो उसको जी लो,
ये पल मुड़ के वापिस न आता है।
चाहते हैं और चाहेंगे उसको,
न पाके भी पाने का एहसास हो जाता है।

मनप्रीत कौर

14. कुछ ख़ास

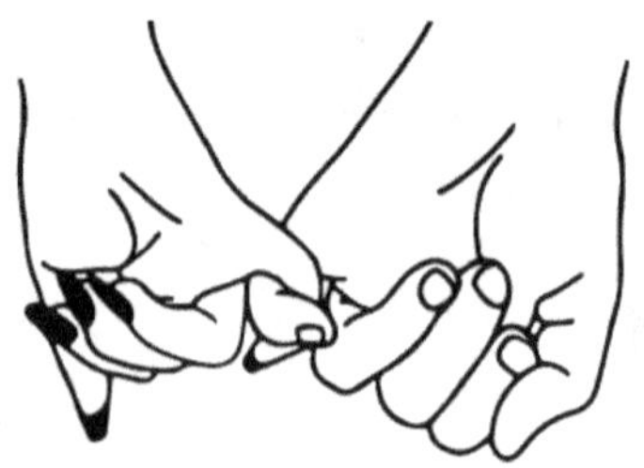

प्यार में मैं ही हूँ ये एहसास है कुछ ख़ास।

न खोने का डर न पाने का इंतज़ार।

ये प्यार मेरा है मेरा ही रहेगा।

किसी के होने न होने से ऐसा

चाहा है उसे प्यार किया है,

बिना उसको पाने की उम्मीद

जब मुड़के देखते हैं

कैसे शुरु हुआ पूरी रात रोए थे, आँसू भी बहाये थे।

उस दिन जान न पाए क्या चाहते थे

बता देते सब पर बेबस से खड़े होके आँसू बहाये थे।

अभी पता है मिलना मुमकिन नहीं ,

पर ऐसे ही रिश्ता निभायेंगे।

आख़िरी साँस तक खूबसूरत रिश्ता निभायेंगे

याद है तेरा मुस्कुराना,

और हमारा तुम्हारे लिए आंसू बहाना।

क्या हम तेरे एसे ही रह जायेंगें।

मनप्रीत कौर

१5. सब्र

मजबूर हूँ शायद कमज़ोर भी,
चाहती एक शख़्स को मिलना पर मुमकिन नहीं।
उसने बोला है कि हम नहीं मिल सकते, अभी
ज़िम्मेदारी बहुत है, कुछ सपने हैं, कुछ उम्मीद है
उनके पीछे हम हैं।
फ़ुर्सत मिलेगी तो ज़रूर मिलेंगे,
 बस सब्र रखिये, हाँ ज़रूर मिलेंगे।
कहता छोड़ दूँ सब कुछ रह जाऊँ तुम्हारे पास।
पर हम ऐसे भी बेगैरत नहीं किसी को ख़राब करके
खुद को आज़ाद करें।
सबर कर थोड़ा वक़्त दे,
सब ठीक होगा समय है हर कुछ होगा।
छोड़ दे ऊपर वाले पर सबकुछ,
उसने मिलाया वो ही सँभालेगा,
उसने भी कुछ तो सोच के ही ये किया होगा।

मनप्रीत कौर

१6. कमी

कैसे बताएँ कैसे महसूस करते हैं।
न साँस आती, न याद जाती है।
हर पल तुझे महसूस कर पाते हैं।
न मिल सकते पर मिलना चाहते हैं।
प्यासे हैं बहुत तरसते हैं जैसे एक बूँद को प्यासा।
ये एहसास न समझ पाते हैं।
बस तेरी कमी महसूस होती है।
कैसे बिताने पड़ेंगे ये पल समझ नहीं आता है।
क्या कभी तुम समझोगे कैसे हम रहते हैं।
समझोगे न पछताओगे बहुत,
न मिलेंगे तुम्हे चिल्लाते रह जाओगे।
एक बार जाना है ऐसे कि गले भी न लगा पाओगे।
अभी हम तरसते हैं न,
फिर तुम भी आँखों में आँसू लिए रोते रह जाओगे। हम
न मिलेंगे, न दिन होगा, न रात होगी।
न फिर बात होगी।

बस तरसते रहना पुकारना फिर कभी न मुलाकात
होगी
मर चुके हैं एहसास उनको दुबारा न जगा पाओगे।
मिलने पर भी पहले जैसे हमें न मिल पाओगे।

मनप्रीत कौर

17. लौटकर आओगे

लौटकर आओगे तो क्या संभल पाओगे।
मुझे देखोगे मुझे गले से लगा पाओगे।
मर चुके होंगे प्यार के जज़्बात क्या दुबारा जगा
पाओगे।
जिस दिन तुम जब लौटकर आओगे।
रोते रहते थे तब न हाल पूछा वापस आके फिर से हाल
पूछ पाओगे।
क्या सच में बता पाऊँगी तुम्हे अपना हाल या मेरा
रोना रोक पाओगे।
जिस दिन तुम लौटकर आओगे।
कैसे बिताये वो पल वो लम्हे तेरे बिना अक्सर खुद से
ही बात कर लिया कर लेते थे। क्या बात हो पाएगी
तुमसे दुबारा वैसे ही या कुछ टूट सा जाएगा उसे जोड़
पाओगे। जिस दिन तुम लौटकर आओगे।
प्यार को बताके खोने का एहसास ही ख़त्म हो जाएगा।
बहुत अफ़सोस है और होगा उस एहसास को वापिस
ज़िंदा कर पाओगे।

जिस दिन तुम लौटकर आओगे।
पता नहीं कब आओगे हाँ, पर यकीं है पहले जैसा न
पाके अफ़सोस तो बहुत करोगे और शायद पछताओगे
भी बहुत, रो पड़ोगे हँसीं हमें भी न आएगी।
जिस दिन तुम लौटकर आओगे।

मनप्रीत कौर

१8. बेनाम रिश्ता

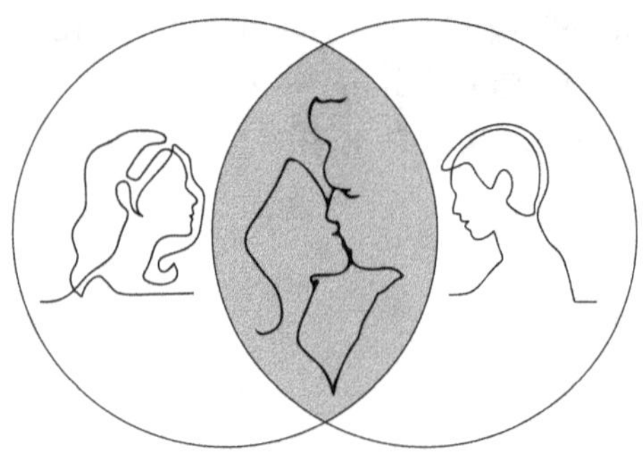

जब जाते हो तो बहुत तड़पाते हो, आके फिर प्यार जताते हो।

क्या करूँ समझ न पाती हूँ, कैसे समझूँ क्या हूँ मैं आपके लिए।

जाके मुझे बहुत सताते हो प्यार है या नहीं ये भी न बताते हो।

कोई रिश्ता है या यूँ ही साथ निभाते हो।

क्यों मुझे इतना रुलाते हो? आते भी नहीं जाते भी नहीं ऐसे आते-जाते ही मुझे क्यों तरसाते हो।

है तू ख़ास मेरे लिए पर मैं अपने लिए ख़ास अपने को हमेशा बताती हूँ।

तुझसे जब बोले, रोके लगना गले कहते हो फुर्सत से सो लो।

क्यों इतना घबराते हो गले ही लगना है।

ज़िंदगी भर का साथ नहीं है जो तुम डर जाते हो।

रिश्ता है बिना नाम का पर एहसास को न तुम भूल पाते हो, न हम भूल पाते हैं।

ऐसे ही यूँ ही इसको निभाते जाते है, पता है जाना है
तुझे एक दिन हम खुद को हमेशा समझाते हैं न तुझपे
हक़ जताते हैं न रोक पाते हैं।
बस यूँ ही ये बेनाम रिश्ता निभाते जाते हैं।

मनप्रीत कौर

१९. आ जाना लौटकर

जब थकने लगो, जब डरने लगो, इन मतलबी रिश्तों से।

आ जाना लौटकर ये सोचकर है कोई जो हमेशा रहेगा।

आ के सीधे लगना गले रखना कंधे पे सर,

कह जाना जो कहना हो बिना डरें।

हाँ समझूंगी तुझे गले लगा लूँगी,

और कुछ न सही तो अपने दामन में छुपा लूँगी।

उठा के तुझे तेरे माथे को चुम के,

तुझे फिर से वैसे ही अपना बना लूँगी।

जानती हूँ दुनिया के तौर-तरीके,

यहाँ अपना बोल के अपनों को लुटा जाता है।

मैं आंखें बिछा के यहीं इंतज़ार मे खड़ी रहूँगी,

जब तक तुझे समझ में आता है।

मनप्रीत कौर

20. मैं ही क्यूँ डरूँ

मै ही क्यों डरूँ तुझे खोने से,

तेरे भी मन में भी डर होना चाहिए मेरे खोने का।

चाहती हूँ तुझे बहुत पर अपने से ज़्यादा तो नहीं।

माना पाना मुमकिन नहीं,

तुझे पर जितना पाया वो पाने से कम नहीं।

बांधना आता नहीं खुद ही बंध गए क्यों डरूँ तेरे हाथ

छुड़ाने का

तुझे भी डर हो मेरे हाथ की पकड़ की ढील होने का।

गायब होना आया ही नहीं ऐसे लोगो को बीच राह में

छोड़ के जाने का

लोगों को आता है, हम ऐसे हैं ऐसे ही रहना चाहते हैं।

जो मिलना नहीं चाहता, उसको भी न मन करता

बुलाने को।

हाँ, एक बार वो भी समझे क्या सोचते हैं हम ,
और क्यों डरते हैं उसको खोने से थोड़ा डर हो उसको
भी उसके बुलाने पे मेरे न आने का।

मनप्रीत कौर

21. वादा

न पूछ यूँ आके हाल मेरा, तेरा हाल पूछना मुझे बेहाल
कर देता है।
खुद को संभालती हूँ फिर वहीं लाके खड़ा कर देता है।
भूलना चाहती हूँ तुझे तुझसे निकलना चाहती हूँ।
पर प्यार इतना हो गया है कि अब जान निकले या
तेरी याद समझ न आता है।
कोई मज़ाक नहीं है ये रिश्ता मेरा, न तू समझता न
मुझे समझाना आता है।
मैं रोती हूँ, तड़पती हूँ, और तू मेरी बात पे हँस जाता है।
क्या कहें कैसे कट रही है ज़िंदगी हर सांस पे तेरा नाम
आ ही जाता है।
मसला अगर दिल का या दिमाग का होता तो शायद
कब का ख़त्म हो जाता।
शायद ये अब रूह का मसला है, आंखें बंद करते ही तेरा
चेहरा नज़र आ जाता है।
कहते हैं महीनो में तो सब भी भूल जाते हैं।
तेरा छूना रूह तक समा जाता है।

कैसे कहूं क्या महसूस करती हूँ,
क्यूंकि न तू समझता, न मुझे समझाना आता है।
मिली हूँ तुझसे, भूलूँगी न कभी ये इस जन्म का वादा
है।

मनप्रीत कौर

22. रोक लूँ

जाने दूँ या रोक लूँ, पलटूँ तेरी ओर या न मुड़ूँ।
बस इस कश्मकश में अटक गई ज़िंदगी।
चाहूँ तुझे या देखूँ भी न बहुत मुश्किल हालात है।
समझ न आता क्या करूँ, बस किस्मत से थोड़ी न
नाराज़गी है।
मिला तू पर मिलके भी न मिला अफ़सोस है और
रहेगा।
दिल का मलाल है मिलके मिलना और मिलके
बिछड़ना ये ही थोड़ा मुश्किल काम है।
पता नहीं तू कब समझेगा, समझेगा भी या नहीं।
बस ऐसे ही चली जाऊँगी दुनिया से, एक आस के साथ
एक ख्वाब के साथ काश तू मेरे साथ होता।
रहते जीते थोड़ी ज़िंदगी साथ, हाथों में तेरे मेरा हाथ
होता।

मनप्रीत कौर

23. तमन्ना

मिलना है एक बार फिर से वैसे ही जैसे पहले मिलते
थे।
वहीं उसी मोड़ पे उसी तरह जैसे वक़्त बिताया करते
थे।
बहुत हसीं हैं वो पल, जब हम साथ हुआ करते थे।
चाहती हूँ जीना उन्हें एक बार फिर से वही एहसास
चाहती हूँ।
क्या चाहती हूँ बस वो ही सुकून चाहती हूँ।
आप आओ मेरे पास आप गले लगाओ और छू लो।
पहले जैसे ही बस वो ही आसमां चाहती हूँ।
उड़े फिर से खुले आसमां में और उड़ते रहें मैं कुछ नहीं
बस.. वो खुला आसमां चाहती हूँ।

तेरे साथ में डूब जाए पहले की तरह बस वो समुन्दर से गहरा एहसास मांगती हूँ। हो मेरी ये तमन्ना कि मिले फिर से वही समुन्दर और मैं खुला आसमां चाहती हूँ। बस तेरा कुछ पल का साथ मांगती हूँ।

मनप्रीत कौर

24. मेरा दिल बदल दो

हे भगवान, मुझे बदल दो।
या मेरा दिल बदल दो।
मुझ में मैं नहीं मिलता,
मुझ में मैं नहीं सँभलता।
कोइ संभाले मुझे तेरी दुनिया में,
ऐसा कोई शख़्स नहीं मिलता।
तू ही पहले और आखिरी में दिखता।
कसके पकड़ना मेरा हाथ,
जा अब मैं नहीं गिरता।

मनप्रीत कौर

www.ingramcontent.com/pod-product-compliance
Lightning Source LLC
LaVergne TN
LVHW021255200726
843509LV00012B/1679